Die Sakramente den Kindern erklärt

von Georg Schwikart

mit Bildern von Yvonne Hoppe-Engbring

Verlag Butzon & Bercker Kevelaer

Unsere Welt ist voller Zeichen

Zeichen erklären uns etwas, machen uns etwas deutlich.
Es gibt verschiedene Arten von Zeichen:

Ein Verkehrszeichen bedeutet zum Beispiel:
„Hier darf man nur 30 Stundenkilometer fahren."
Oder: „Vorsicht, die anderen haben Vorfahrt."

Erkennungszeichen geben uns Orientierung:
Beim großen „U" ist der Eingang zur Untergrundbahn.
Ein Totenkopf auf einer Flasche – darin befindet sich Gift.

Manche Zeichen sind nicht für alle bestimmt
– die Geheimzeichen:
Der Pfarrer zum Beispiel hat seine Winke
um den Ministranten etwas mitzuteilen
– und in der Gemeinde bemerkt niemand etwas.

Zeichen können für sich sprechen – auch ohne Worte:
Was die ausgestreckte Zunge bedeutet, wissen wir alle.
Wer einem anderen die offene Hand hinhält, sagt damit:
„Sieh her, ich bin dir wohlgesinnt,
ich bilde keine Faust, ich habe keine Waffe.
Reiche mir deine Hand
und der Handschlag wird zum Friedenszeichen."
Und wer jemandem eine Blume mitbringt,
eine Rose oder ein selbst gepflücktes Gänseblümchen,
drückt aus: „Ich mag dich gern …"

Zeichen des Glaubens:
Die Sakramente

Auch die Sakramente sind Zeichen:
Zeichen des Glaubens.
Sie wollen spürbar machen,
erfahrbar mit all unseren Sinnen:
Gott will uns Menschen Gutes tun,
er möchte unser ganzes Leben lang bei uns sein.

Einfache Dinge werden zu Zeichen der Liebe Gottes:
Wasser und Öl, Brot und Wein, Licht und Farben.
Einfache Gesten erzählen von Gott:
das Kreuzzeichen, die aufgelegte Hand.
Einfache Worte sprechen es aus:
Gott will bei den Menschen sein.

Wir feiern die Sakramente
um uns daran zu erinnern,
dass Gott die Mitte unseres Lebens ist.
Wir wollen ihm in unserem Leben einen Platz geben.

Manche Sakramente können wir, wie die Nahrung,
häufig empfangen,
andere nur einmal,
wie wir auch nur einmal geboren wurden
und nur einmal sterben werden.

Jesus Christus selbst hat uns die Sakramente
als Zusagen Gottes geschenkt.

Ein Mensch wird Christ
Die Taufe

Wer getauft wird – als Baby oder als Erwachsener –,
wird mit seinem Namen angesprochen.
Ein Mensch ist keine Nummer,
sondern ein einzigartiges Geschöpf.
Wasser wird dem Täufling über den Kopf gegossen
und es wird gesprochen:

„Ich taufe dich im Namen des Vaters und des Sohnes
und des Heiligen Geistes. Amen."

Wer getauft wird, tritt in Gemeinschaft mit Jesus
und mit allen, die zu Jesus gehören.
Er wird ein Christ und gehört zur Kirche.

Das Taufwasser ist eine zeichenhafte Reinigung:
Es reinigt nicht von Staub oder Schmutz,
es reinigt von allem, was uns trennt von Gott.

Andere Zeichen verdeutlichen das Geschehen:
Die Taufkerze erinnert an Christus, das Licht der Welt.
Die Salbung mit Chrisam sagt:
Auch dieser Mensch hat Gemeinschaft
mit Jesus Christus, dem Gesalbten,
dem Priester, König und Propheten.
Das weiße Kleid drückt die Freude aus
zu Jesus zu gehören.

Immer wenn wir mit Weihwasser ein Kreuzzeichen machen,
werden wir an unsere Taufe erinnert.

Gott schenkt einen neuen Anfang
Das Bußsakrament

Manchmal entfernen wir uns von Gott,
weil wir lieblos zueinander sind,
nur an uns denken, die anderen vergessen,
Böses tun oder Gutes nicht tun.
Wir weisen die anderen zurück, weisen Gott zurück.

Es braucht viel Mut
auf unserem falschen Weg umzukehren.

Aber Gott kommt uns entgegen
und will uns einen neuen Anfang schenken:
In der Beichte können wir unsere Schuld bekennen.
Der Priester spricht uns im Auftrag Gottes
die Vergebung zu und sagt:
„Gott, der barmherzige Vater,
hat durch den Tod und die Auferstehung seines Sohnes
die Welt mit sich versöhnt
und den Heiligen Geist gesandt
zur Vergebung der Sünden.
Durch den Dienst der Kirche
schenke er dir Verzeihung und Frieden.
So spreche ich dich los von deinen Sünden."

Gott sagt zu uns,
was wir von jedem Menschen hören möchten:
„Du bist angenommen!"
Gott möchte, dass auch wir einander vergeben,
wenn einer dem anderen etwas vorzuwerfen hat.

Mit Gott an einem Tisch sitzen
Die Eucharistie

Gott will uns ganz nah sein,
näher als Menschen es sein können –
um uns herum und in uns.
Im Sakrament der Eucharistie
sitzen wir mit Jesus an einem Tisch:
Was er vor fast 2000 Jahren seinen Freunden sagte,
wird in der Messe Gegenwart:
„Das ist mein Leib – das ist mein Blut."
Brot und Wein sind Zeichen für Jesus selbst,
Zeichen seiner Nähe.
In Brot und Wein erfahren wir seine Gegenwart.

„Eucharistie" heißt auf Deutsch: „Dank sagen".
Es gibt viele Gründe dankbar zu sein:
für den Sonnenschein, das Dach über dem Kopf,
den gedeckten Tisch, für Eltern, Geschwister, Freunde,
für unsere Gesundheit, für unser Leben.

Wir leben nicht allein, wir glauben nicht allein.
In der Eucharistie feiern wir unsere Gemeinschaft
mit den anderen Christen
und mit Gott, unserem Vater.
Sie wird uns geschenkt von seinem Sohn Jesus,
der unser Bruder ist.
Auch dafür wollen wir danken.

Die Erstkommunion ist die feierliche Einladung
vom Gastgeber Jesus sich mit an den Tisch zu setzen.

Gottes Geist macht lebendig
Die Firmung

Gott schenkt uns seinen Geist:
Sein Geist macht mutig und stark,
zärtlich und fantasievoll,
ausdauernd und ruhig.
Er ist nicht für besondere Menschen reserviert,
sondern will jeden beleben, der sich ihm öffnet.
Er schenkt jedem seine besondere Begabung:
einen schönen Brief schreiben, ein Fahrrad reparieren,
das entscheidende Tor schießen, einen Kuchen backen …
Niemand kann alles und niemand kann nichts.

Alle Sakramente haben mit dem Geist zu tun,
ganz besonders aber die Firmung.
Wer sich firmen lässt, sagt damit der Gemeinde:
„Ich möchte mit euch den Weg weitergehen,
der mit meiner Taufe begonnen hat."
Der Bischof legt dem Firmling die Hand auf
und salbt seine Stirn mit Chrisam, dem heiligen Öl.
Er spricht jeden mit seinem Namen an:
„Sei besiegelt durch die Gabe Gottes, den Heiligen Geist.
Der Friede sei mit dir."

Dieses Siegel macht die Mitgliedschaft
in der Kirche vollkommen.
Mit den Talenten, die wir vom Geist empfangen,
sollen wir die Kirche mitgestalten.
Mit dem Leben, das der Geist uns schenkt,
sollen wir die Kirche lebendig machen.

Ein Paar ist unterwegs mit Gott
Die Ehe

Eine Frau und ein Mann begegnen sich,
mögen den anderen,
lernen einander immer besser kennen,
empfinden Liebe füreinander und entschließen sich
den Weg durch dieses Leben
an der Seite des anderen zu gehen.
Gott will diese beiden nicht allein lassen:
Er geht mit, als Dritter im Bunde,
und macht immer wieder Mut
einander Vertrauen zu schenken.

„Vor Gottes Angesicht
nehme ich dich an als meine Frau",
verspricht der Bräutigam.
„Vor Gottes Angesicht
nehme ich dich an als meinen Mann",
verspricht die Braut.
Die Eheleute versprechen einander treu zu sein,
so wie Jesus treu zu seiner Kirche steht:
in guten und in schlechten Tagen,
in Gesundheit und in Krankheit.
Der Priester segnet die beiden
und er segnet die Ringe,
die sie an die versprochene Treue erinnern sollen.

Vertrauen ist ein kostbares, zerbrechliches Geschenk.
Wer es von einem Menschen erhält,
muss sorgsam damit umgehen.

Den Glauben weitergeben
Die Weihe

Die Frohe Botschaft soll allen weitergesagt werden:
„Gott lebt! Er meint es gut mit uns!"
Dazu sind alle Christen aufgerufen.
Manche haben aus diesem Ruf einen Beruf gemacht:
die Diakone, Priester und Bischöfe.
Ihre Aufgaben sind
das Evangelium zu verkünden
und die Sakramente zu spenden.

Das Weihesakrament spendet der Bischof.
Er überreicht Diakonen ein Evangelienbuch,
Priestern einen Kelch und Bischöfen einen Hirtenstab.
Er salbt die Männer,
legt ihnen die Hände auf den Kopf und betet.
Bei der Priesterweihe lautet sein Gebet:
„Allmächtiger Gott, wir bitten dich:
Gib deinen Knechten die priesterliche Würde.
Erneuere in ihnen den Geist der Heiligkeit.
Gib, o Gott, dass sie festhalten an dem Amt,
das sie aus deiner Hand empfingen."

Der Dienst der Diakone, Priester und Bischöfe
soll die Gemeinschaft der Christen
zusammenhalten und stärken.
Als Mitglied dieser Gemeinschaft
ist der Einzelne stark genug
seinen Glauben weiterzusagen.

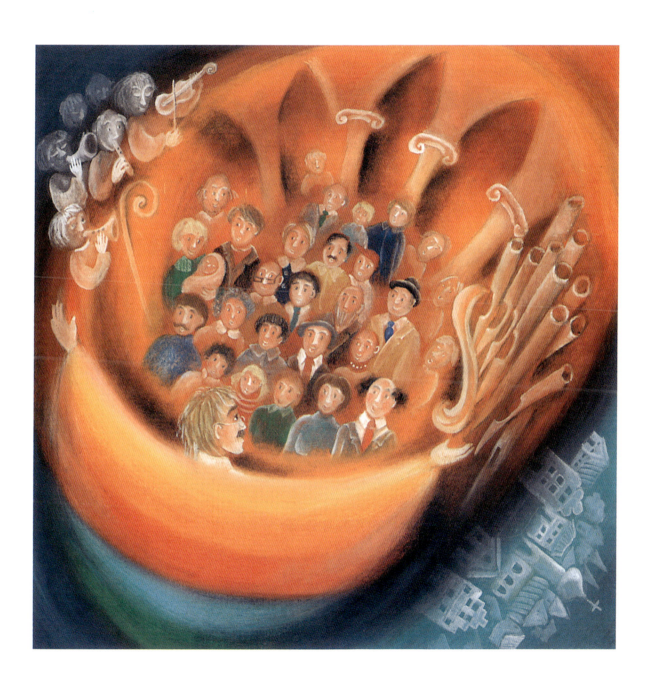

Gott will unser Heil
Die Krankensalbung

Wie alle anderen auch
werden glaubende Menschen manchmal krank.
Doch Gott will unser Heil, Gott will unsere Heilung.
Das drückt das Sakrament der Krankensalbung aus.

Der Priester salbt den Kranken auf der Stirn
und an den Händen mit Krankenöl und spricht:
„Durch diese heilige Salbung
helfe dir der Herr in seinem reichen Erbarmen,
er stehe dir bei mit der Kraft des Heiligen Geistes."
Der Kranke wird dadurch nicht wie durch Zauber gesund.
Die Krankensalbung erinnert ihn daran,
dass Gott uns in aller Not beisteht
und dass es einst ein Leben geben wird ohne Trauer und Leiden.
Weil Gott sagt: „Ich halte zu dir",
wird der Kranke getröstet und bekommt wieder Mut.

Der Priester kommt als Vorsteher seiner Gemeinde.
Das soll dem Kranken sagen:
„Deine Freunde lassen dich nicht allein.
Sie beten für dich und werden dich besuchen."
Auch dies tröstet den Kranken und macht ihm Mut.

Wir besuchen die Kranken,
damit sie nicht einsam und traurig sind.
Manchmal können wir vielleicht nicht mehr
als die Probleme der Krankheit mit auszuhalten,
die Last des Kranken mitzutragen.

**Das Ursakrament
Jesus, der Sohn Gottes**

Wer etwas über Gott wissen will,
sollte Jesus kennen lernen:
Er hat uns viel von Gott erzählt,
ihn nicht als strengen Richter beschrieben,
sondern als barmherzigen Vater.

Kein Mensch kann Gott sehen,
aber viele Menschen konnten Jesus sehen.
Sie wanderten mit ihm durch das Land Israel,
hörten zu, was er von Gott zu sagen hatte,
hielten mit ihm Mahl.
Nach seinem Tod erkannten sie in der Auferstehung,
dass Jesus der Sohn Gottes ist,
der die Menschen wieder mit Gott zusammenführt.

Im Sohn können wir den Vater erkennen und erfahren.
Jesus ist das Zeichen für Gott vor allen anderen.
So können wir auch Jesus als ein Sakrament bezeichnen.

Als das Sakrament,
von dem uns die 7 Sakramente geschenkt wurden,
nennen wir Jesus auch das Ursakrament:
Ihm begegnen wir in allen anderen Sakramenten
und in ihm begegnen wir Gott.

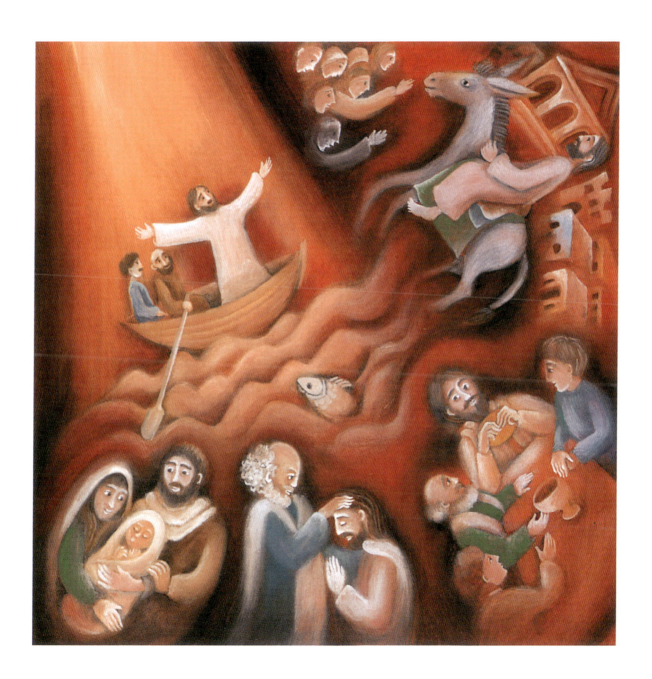

Leben mit den Sakramenten

Sieben Tage hat die Woche.
Sieben Noten bilden die Tonleiter.
Sieben Farben schmücken den Regenbogen.

Gottes Geist schenkt sieben Gaben.
Gott beauftragt zu sieben Werken der Nächstenliebe.
Gott begegnet uns in sieben Sakramenten.

Sakramente wollen zusammenführen:
die Glaubenden untereinander,
die Glaubenden und Gott.

Sakramente sind heilige Zeichen:
Sie ersetzen nicht den Glauben an Gott,
sie wollen uns beim Glauben helfen.

Sakramente begleiten uns in sieben Lebensaltern:
als Säuglinge, Schulkinder, Jugendliche, Heranwachsende,
als Erwachsene, alte Menschen und Greise.

Die Zahl Sieben ist das Zeichen für das Gelungene.
Sieben Sakramente sind eine Hilfe,
damit unser Leben aus dem Glauben gelingt.

Gott ist für uns da, ist ansprechbar, spricht uns an:
nicht nur siebenmal,
sondern jeden Augenblick an jedem Tag.

In dieser Reihe sind unter anderem bereits erschienen:

Von Schutzengeln den Kindern erzählt
von Franz Menke
ISBN 3-7666-0006-0

Der Kreuzweg Jesu den Kindern erklärt
von Ursula Lohmann
mit Bildern von Kommunionkindern
ISBN 3-7666-0001-X

Das Vaterunser den Kindern erzählt
von Dietmar Rost und Joseph Machalke
nach Fridolin Stier
mit Bildern von Heide Mayr-Pletschen
ISBN 3-7666-9513-4

**Bibliografische Information
Der Deutschen Bibliothek**

Die Deutsche Bibliothek verzeichnet diese Publikation in der Deutschen Nationalbibliografie; detaillierte bibliografische Daten sind im Internet über http://dnb.ddb.de abrufbar.

 Das Gesamtprogramm von Butzon & Bercker finden Sie im Internet unter www.bube.de

ISBN 3-7666-0058-3
6. Auflage 2005

© 1997 Verlag Butzon & Bercker D-47623 Kevelaer
Alle Rechte vorbehalten